AF349474

FERNAND HAUSER

La Comédienne

Un acte en Prose

Yth
27917.

Un Franc.

PARIS

LÉON VANIER, Éditeur

19, Quai Saint-Michel, 19

1897

LA COMÉDIENNE

FERNAND HAUSER

La Comédienne

Un acte en Prose

PARIS
LÉON VANIER, Éditeur
19, Quai Saint-Michel, 19

1897

Un Franc.

PERSONNAGES :

Adrienne.
Rosie (10 ans).
Réné d'Ivry.
Une Habilleuse.
Le Régisseur.
Un Machiniste.

————

A Paris, de nos jours.

LA COMÉDIENNE

Une loge d'actrice. A gauche, le fond est coupé par un paravent derrière lequel l'actrice change de dessous. A droite, une psyché et un guéridon encombré des mille et un objets nécessaires à la toilette et au maquillage. Porte.

Quelques médicaments, une bouillotte, de la tisane sur une cheminée, à gauche.

A droite, sur un divan, Rosie enveloppée d'un châle est couchée.

Au lever du rideau, Adrienne derrière le paravent change de costume. L'habilleuse tenant une sébille emplie d'épingles, attend qu'Adrienne ait terminé.

De la salle et des coulisses, des rumeurs, des bruits parviennent par instants.

Scène première.

ADRIENNE, L'HABILLEUSE, ROSIE

L'habilleuse. — Etes-vous prête ?

Adrienne. — Pas encore.

L'habilleuse. — Vous êtes longue, ce soir.

Adrienne (sortant). — Ah ! tu sais, ne m'énerve pas. J'en ai assez !... Ma petite malade... Jeanny qui ne vient pas..., mon corsage qui pince comme un sac..., et toi encore, qui m'as-

sommes de réflexions saugrenues !... C'est beaucoup trop, sais-tu... Colle-moi une épingle là !...

*(Pendant que l'habilleuse l'ajuste, en mouve-
ments brefs, saccadés, Adrienne devant une glace
retouche sa figure.)*

L'HABILLEUSE. — Ça va ?

ADRIENNE *(se cambrant)*. — Presque.

L'HABILLEUSE *(sortant)*. — Je cours chez Dar-
ling, il faut que je lui pose une écharpe pour le
deux...

ADRIENNE *(courant à la porte)*. — Et n'oublie
pas de revenir pendant l'acte, tu garderas Rosie
(elle rentre et va vers le divan).

Scène II.

ADRIENNE, ROSIE

ADRIENNE *(doucement, se penchant sur Rosie)*.
— Pauvre petite !... Elle dort !...

ROSIE *(essayant de se lever)*. — Non, petite
mère, je ne dors pas..., on fait trop de bruit,
tout le temps...

ADRIENNE. — C'est en bas, dans la salle .., ils
tapaient des pieds comme des enragés, tout à
l'heure, et puis tantôt, ils applaudissaient à se
rompre les mains.

ROSIE. — Toi ?

ADRIENNE. — Oui, moi...

Rosie. — Alors, tu as eu du succès, ce soir ?
Tu dois être contente, dis petite mère ?... Moi, je
ne suis pas contente du tout.

Adrienne. — Et pourquoi donc ?

Rosie. — Parce que j'ai beaucoup de chagrin.
Je ne peux pas aller dans la salle, et tu sais si
je suis heureuse, quand tu me permets de t'at-
tendre dans la grande loge, là haut..., tu parais
si petite sur la scène..., et tu as de si belles
robes !... Tu sais, l'autre fois, quand tu jouais
le rôle de la reine, tu étais si belle, si belle, que
tout le monde t'applaudissait, et moi, je faisais
comme tout le monde, je tapais mes deux mains
l'une contre l'autre, de toutes mes forces !... Ah !
comme il y a longtemps de cela, petite maman !...

Adrienne (*avec un soupir*). — Oh ! oui, longtemps !...

Rosie. — Dis, maman ? Quand on est malade
si longtemps que cela, on ne doit plus pouvoir
guérir, après ?...

Adrienne (*essuyant quelques larmes*). — Mais
si, petite sotte, on guérit très vite, au contraire.

Rosie (*lentement*). — Oh ! moi, je ne guérirai
plus jamais !... Je vais mourir !...

Adrienne (*effrayée*). — Mourir ? Mais qui donc
t'as mis ces idées dans la tête, petite folle ?

Rosie. — C'est l'autre jour..., tu étais au théâtre,
tu sais..., Jeanny et Berthe, qui me gardaient,
causaient tout bas. J'ai fait semblant de dormir,

et j'ai entendu Jeanny qui disait à Berthe : Elle
n'en a pas pour longtemps, et cela vaut bien
mieux pour elle !... J'ai compris que c'était pour
moi qu'elle disait cela, et j'ai pensé que j'allais
mourir, et comme j'étais tout effrayée, j'ai caché
ma tête dans mon oreiller, et, tout en pleurant,
je me suis endormie... (*Elle tousse à plusieurs
reprises*).

ADRIENNE (*essayant de rire*). — Mais ce n'était
pas pour toi que Jeanny disait cela, c'était pour
une amie qui est malade, bien plus malade que
toi, ma petite Rosie...

ROSIE (*avec élan*). — Bien plus malade que
moi ?... Oh ! qu'elle doit souffrir.

ADRIENNE (*tout à fait effrayée*). — Mais c'est
donc bien vrai que tu souffres ?...

ROSIE. — Oh ! Pas beaucoup maintenant, mais
par instants, quand je tousse, on dirait que tout
se déchire là-dedans !... Dis, petite mère, quand
je serai morte, je ne te verrai plus jamais ?...

ADRIENNE (*les larmes aux yeux*). — Veux-tu te
taire, méchante enfant qui fait pleurer sa bonne
petite mère !... Est-ce qu'elle ne te soigne pas
comme il faut ?... (*Tendrement*) Tu guériras !...
Tu sais, les petites roses qui se fanent en hiver
et qui penchent la tête ?... N'es-tu pas une fleur,
toi ?... Et bien comme tes semblables tu refleu-
riras au printemps...

ROSIE. — Bien vrai, petite mère ?

ADRIENNE (*de même*). — Te le dirais-je, si ce
n'était pas ?...

Rosie. — Oh ! que tu es bonne !... Que tu es
bonne, petite maman !...

(*Elle s'endort lentement, durant qu'Adrienne
chantonne une berceuse. On frappe à la porte,
Adrienne se redresse comme sortant d'un rêve.*)

Scène III.

LES MÊMES, RENÉ D'IVRY

René (*entre-bâillant la porte*). — Peut-on en-
trer ?...

Adrienne (*qui vivement a essuyé ses yeux*). —
Vous voyez bien.

René (*entrant*). — Félicitations, vous avez été
superbe...

Adrienne. — Alors, votre feuilleton ?

René (*galant*). — Vous est tout acquis... Il ne
sera d'ailleurs pas le seul, le gros Valcourt est
emballé, et quand il est emballé...

Adrienne (*l'interrompant*). — M'en a-t-il assez
refusé du talent ?...

René (*prenant une cigarette dans son étui*). —
Preuve que vous en aviez. (*Il va pour allumer
sa cigarette.*)

Adrienne (*la lui faisant jeter*). — Pas de ça,
ici. (*Montrant le divan*) La petite...

René (*stupéfait*). — Comment, Rosie dans votre
loge ?

ADRIENNE. — Je l'ai portée, enveloppée dans un châle, elle va mieux...

RENÉ (*sur un ton de reproche*). — Imprudente !...

ADRIENNE. — Pour faire différemment ?

RENÉ. — Jeanny ?

ADRIENNE (*amèrement*). — Elle est partie avec Rivoire à la campagne... Et si vous croyez qu'il est facile de trouver une remplaçante, comme cela sur le coup...

RENÉ. — Mais..., vos amies.

ADRIENNE. — Les amies ? Parlez leur d'un souper ?... Mais pour un service à rendre...

RENÉ. — Vous pouviez rester chez vous.

ADRIENNE. — Une première représentation ? Le service de presse fait ? Les affiches collées ? Toute la salle louée ?...

RENÉ. — Quand on est malade.

ADRIENNE. — Etais-je malade, moi ?... Pas de billet de médecin..., l'amende salée... Ma fille... Est-ce qu'il la connaît, le directeur ?... Elle peut bien mourir, pourvu qu'il fasse le maximum !...

RENÉ (*léger, avec affectation*). — Allons ! allons !... Voilà que vous exagérez encore ! Vous serez donc toujours la même !...

ADRIENNE (*colère*). — J'exagère !... Dites-moi que je vous raconte une histoire, que je joue la comédie avec vous, pour essayer mes effets..., vous ne serez pas le premier, savez-vous ?

RENÉ (*riant*). — Allons ! allons ! Voilà que vous vous fâchez !...

ADRIENNE (*de même*). — Je me fâche !... Vous me dites que je me fâche ?... Et après tout n'y a-t-il pas de quoi ? Ma petite malade, vous me voyez forcée de jouer, et lorsque je vous en cause, comme à un ami, vous me dites, du même ton que vous me feriez un compliment : Vous exagérez !... Mais depuis que vous fréquentez les coulisses des théâtres, que vous coudoyez des comédiennes et des danseuses, des premiers rôles et des ingénues, vous n'avez donc jamais rien vu ?...

RENÉ (*rieur*). — Je vous ai toujours trop regardée pour voir autre chose.

ADRIENNE (*sans avoir écouté*). — Ah ! tenez ! Vous êtes comme ces bourgeois enrichis qui viennent dans les coulisses nous complimenter, afin de voir de plus près nos épaules nues, et qui nous invitent dans leurs salons, plus honorés par notre présence que par celle d'une reine !... (*Amèrement*) Une reine !... Ne nous a-t-on pas dit que nous étions les reines du monde ? Ah ! jolies reines, qui n'ont pour tout royaume que des planches, et qui, pour se faire applaudir, doivent avoir recours à leurs robes de soie et à l'éclat de ce fard qui flétrit leurs joues bien avant l'âge !...

RENÉ. — Mais ces applaudissements n'ont pas l'air de vous déplaire.

ADRIENNE. — Croyez-vous qu'ils nous rendent

heureuses ?... Les couronnes, les fleurs, tout
cela nous donne quelquefois un peu d'argent;
du bonheur ? Les premiers jours peut-être, mais
comme les désillusions arrivent vite !...

Quand il faut payer la claque !... La claque
des voyous avec de l'argent, celle des habits
noirs avec des baisers !... Quand on voit la
gloire tarifée comme l'amour !... Oh ! le dégoût,
la honte !... (*Elle s'arrête, puis reprend*) Et les
cabales !... Les bonnes petites amies qui vous
font siffler par leurs amants, pour vous souffler
un bout de rôle !...

Et les moqueries dans les coulisses !... Et
tout !... tout !...

RENÉ (*veut parler, elle l'arrête*).

ADRIENNE. — Vous allez dire encore que j'exagère... Quand j'ai débuté ici, au Théâtre Natio-
nal, j'étais... il y avait quinze jours que le père
de Rosie était mort... Ce coup m'avait anéantie.
Je créais un rôle qui avait tant d'analogie avec
ma situation que je m'incarnai dans mon per-
sonnage au point de vivre de sa vie, de souffrir
de ses souffrances, et lorsque, l'acte terminé,
épuisée, je tombai dans les bras de Jeanny qui
m'attendait dans les coulisses, le croiriez vous?...
Ils se moquaient tous de moi, disant que je vou-
lais faire croire à mon émotion, que je jouais à
la Sarah, mais qu'on ne les y prenait pas...
Oh !... Quand je songe à tout cela !...

RENÉ (*ému*). — Mais c'est-il possible ?...

ADRIENNE. — Si c'est possible ?... Je vous disais

bien que depuis dix ans que vous fréquentez les
coulisses des théâtres, vous n'avez jamais rien
vu...

René. — Mais quelle idée avez-vous eue de
devenir comédienne ?...

Adrienne. — Ah ! voilà !... On va au théâtre
un jour; on est toute petite, on voit des belles
dames en merveilleux costumes commander à
des pages, à des comtes, à des princes, à des
rois. On les admire, diadème en tête, déclamant
des strophes flamboyantes, et l'on rêve de devenir comme elles, et tout en récitant *Esther* ou
Athalie à l'école, on songe que ce serait bien
beau de réciter cela au théâtre !...

Songez, la première fois que j'allai dans une
salle de spectacle, j'avais quinze ans, c'était
notre maîtresse de pension qui avait voulu nous
y conduire ; Agar s'était arrêtée dans notre ville
pour nous jouer *Iphigénie*.

Quand je vis la grande tragédienne incarner
son rôle d'aussi admirable façon, quand je la vis,
cheveux épars, supplier Agamemnon, je ne pus
me contenir, et je fondis en larmes devant mes
petites amies stupéfiées !...

Depuis ce jour, je n'eus plus qu'une envie,
devenir comédienne, trôner, reine tragique, vêtue
de superbes habits de pourpre, récitant des vers
admirables au milieu des bravos et des applaudissements de toute une salle !... Et chose in-
croyable, ce rêve se réalisa !...

René. — Comme vous avez dû être heureuse !...

Adrienne. — Si j'ai été heureuse!... Les premiers jours je ne me possédais pas..., j'étais comme transfigurée... En scène, l'illusion me berçait, je me croyais véritablement devenue reine, et je parlais à mes sujets d'une voix arrogante et fière.

Mais comme l'illusion disparut vite !... On riait de ma candeur, on se moquait de mes jeunes enthousiasmes, et peu à peu, je ressentis comme les autres les souffrances que le public ne soupçonne pas.

L'amour seul, put adoucir pour un temps les amertumes de ma vie. Hélas ! je perdis trop tôt celui à qui je m'étais donnée tout entière... Ma fille, heureusement, me restait. Je lui consacrai mon existence..., et voilà qu'elle est malade !...

Oh ! pas sérieusement, j'espère... Si c'était autrement, vous comprenez, j'aurais tout laissé, le théâtre, la pièce, les directeurs...

Si elle devait mourir !... Si je devais rester toute seule !.. Mais y songez-vous à cette chose épouvantable ?... Toute seule !... Sans enfant !... Sans rien !... Mais il y aurait de quoi se faire écraser !... Se jeter par la fenêtre ! .. Se...

(Pendant qu'elle parlait, on a sonné dans les coulisses, maintenant le régisseur entre en coup de vent.)

Scène IV.

Les mêmes, LE RÉGISSEUR

Le Régisseur. — Mais vous n'entendez donc rien, ici ? Le deux est commencé, il va falloir rentrer en scène !...

ADRIENNE (*saisie*). — Mais la petite, je ne peux cependant pas la laisser toute seule... L'habilleuse m'avait promis...

LE RÉGISSEUR. — L'habilleuse est occupée.

ADRIENNE. — Mais alors ?

LE RÉGISSEUR. — Alors, descendez, ou vous manquez votre entrée.

(*Éperdue, Adrienne va pour sortir, René s'approche et lui dit doucement*) :

RENÉ. — Soyez tranquille, madame, je resterai.

ADRIENNE (*après un moment d'hésitation*). — Quoi ?... Vous voulez !... Oh ! merci !...

(*Elle va pour sortir, puis rentre, va près du divan, regarde sa petite, et en s'en allant*) :

Soignez la bien, n'est-ce pas ?

(*René fait signe qu'elle peut compter sur lui, elle sort.*)

Scène V.

RENÉ, ROSIE

RENÉ (*prend sur la table d'Adrienne un journal, s'assied et lit : tout à coup, de la salle, on entend une salve d'applaudissements. A ce bruit Rosie s'éveille et tousse*).

ROSIE. — Maman..., maman...

RENÉ (*se levant*). — Qu'avez-vous, mon enfant ?

ROSIE. — Je veux voir maman...

René. — Votre maman, mon enfant? Mais elle est en scène, vous le savez bien .., elle sera ici tout à l'heure...

Rosie. — Tout à l'heure? Oh! je voudrais tant la voir tout de suite... Dites, monsieur? Vous ne pouvez pas aller la chercher?...

René. — Mais, mon enfant, je ne peux pas vous laisser toute seule... Tout à l'heure, vous la verrez, votre maman... Elle va venir.
(Rosie tousse.)

Allons, soyez sage, ne toussez pas... Voulez-vous un peu de tisane ?...
(Il cherche autour de lui : voyant la tisane sur la cheminée, il en verse dans un verre et lui en apporte.)

Rosie *(après avoir bu).* — Oh ! monsieur, vous êtes bien gentil, et je vous aime bien !...
(Elle tousse.)

René. — Allons, allons, soyez sage, couvrez-vous bien. *(A part)* Pauvre petite ! Comme elle est jolie. *(Il se remet à lire.)*
(Tout à coup la petite fille tousse encore, elle crie.)

Rosie. — Oh!... Maman !... Maman !...

René *(s'approchant, la voyant toute pâle, à part).* — Dieu !...

Rosie *(lentement),* — Qu'avez-vous donc, monsieur, à me regarder comme cela? Est-ce que vous croyez aussi que je ne vivrai pas long-temps ? Vous savez, c'est maman qui l'a dit, je

suis comme les petites fleurs qui se fanent en
hiver..., au printemps, comme elles, je revien-
drai à la vie...

René (*un peu attendri et presque rassuré*). —
Mais elle a raison, votre maman.

Rosie. — Vous croyez ?... Mais est-ce qu'elles
ont si mal que moi, les fleurs, monsieur ?... J'ai
du feu, moi, dans la poitrine, et ça me brûle,
vous savez ?

(*Elle tousse.*)

René. — Mais avez-vous donc aussi mal que
cela ?

Rosie. — Oh ! oui, monsieur, j'ai bien mal !...
(*Elle tousse très fort.*)

René (*la soutenant*). — Mais calmez-vous, ma
petite enfant, ce n'est rien.

Rosie (*faiblement*). — Oh ! monsieur !... Je
suis bien malade !... Je voudrais voir maman !...

René. — Votre maman est en bas, sur la
scène, elle va venir...

Rosie. — Et bien, allez la chercher, monsieur,
je veux la voir, ma bonne maman !...

René (*à part*). — Comment faire, mon Dieu ?...
(*Des pas dans l'escalier.*)
Si c'était elle !...

Scène VI.

Les mêmes, UN MACHINISTE

Le Machiniste. — Madame fait demander comment va la petite ?

René (*affolé, bas au machiniste*). — Dites-lui...
dites-lui qu'elle vienne...

(Le Machiniste sort.)

Scène VII.

ROSIE, RENÉ

Rosie (*faiblement*). — Dites, monsieur, vous
croyez qu'elle va venir, ma maman ?... J'ai si
mal !... Et j'ai si peur !... Elle me guérira...
Dites ? Ça me brûle dans la gorge !... Ça me
brûle !... (*Elle se tait, puis tout à coup*) Ah !
Maman !... Maman !...

(*Elle retombe inerte sur le divan.*)

René (*effaré, la regarde de tout près*). —
Grand Dieu !...

Scène VIII.

LES MÊMES, ADRIENNE

Adrienne (*entrant, très vite*). — Me voici, Rosie... Es-tu contente, es-tu mieux ? Mais pourquoi ne réponds-tu pas ?... (*Elle s'arrête, toute
tremblante.*) Mais vous pleurez, vous... Qu'y
a-t-il ?... Je n'ose m'approcher...

Mon enfant, ma Rosie adorée ... (*Elle se préci-
pite.*)

Ciel !... Morte !...

(*Elle se jette sur sa fille et l'embrasse en san-
glotant, puis, se retournant lentement vers*

— 18 —

René) Ah ! vous ne saviez peut-être pas combien je l'aimais !... C'était ma vie à moi, cette enfant !... C'était ma seule consolation !...

Et elle est morte ! .. Et je ne la verrai plus !... Plus jamais !... Oh !... (*Comme folle*) Ne plus la revoir !... Jamais !...

Scène IX.

Les mêmes, LE RÉGISSEUR

Le Régisseur (*entrant comme une trombe*). — Mais, madame, on vous cherche partout... Vous avez manqué votre entrée..., on a dû baisser le rideau..., le public vous réclame...

(*Adrienne et René se sont dressés, pétrifiés.*)

Adrienne (*lentement, comme folle*). — Le public me réclame ? Vous dites que le public me réclame ?... Il va falloir que je joue, alors !... Il va falloir que je sois gaie en acceptant les applaudissements ?... Et si je pleure ?

Dites, monsieur, si je pleure, comme je fais maintenant.... le public comprendra-t-il que mes larmes sont des larmes vraies ?... Verra-t-il que mon cœur est tordu par la souffrance ? Saura-t-il, lui, que ma petite fille est morte ?...

Morte !... Mais ce n'est pas possible !... Elle vit !... (*Se jetant sur le corps de Rosie*) Rosie ! Rosie !... Parle-moi, je t'en supplie !... Ouvre

tes yeux !... Embrasse-moi !... (*Elle l'embrasse.*)
Oh ! ses lèvres sont glacées !... C'est donc bien
vrai?... Ell· est morte !.... (*Se tournant vers le
régisseur*) Vous le voyez, monsieur, elle est
morte !...

(*Elle fait un tour sur elle-même et tombe éva-
nouie.*)

Rideau.

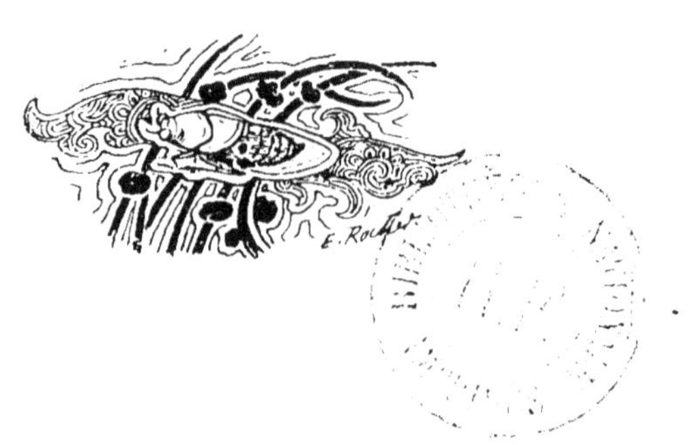

DU MÊME AUTEUR

Les Pauvres Gens.
Pierrot.
Victor Gélu et son Œuvre.
Le Château des Rêves.

Pour Paraître :

Le Ressuscité.
La Divine Chasteté.
Le Jardin Fleuri.

www.ingramcontent.com/pod-product-compliance
Lightning Source LLC
LaVergne TN
LVHW011014180726
843502LV00007B/2528

9 782329 631196